오늘 하루도 에비츄

에비츄 스티커북

오늘 하루도 에비츄

에비츄 스티커북

2025년 11월 26일 1판 1쇄 인쇄
2025년 12월 15일 1판 1쇄 발행

발행인 황민호
캐릭터비즈사업본부장 석인수
편집장 손재희 **책임편집** 박은서
엮음 편집부 **디자인** BjuDesign
발행처 대원씨아이㈜ www.dwci.co.kr
주소 서울시 용산구 한강대로15길 9-12
전화 02-2071-2150(편집) 02-2071-2066(영업)
팩스 02-794-7771
등록번호 1992년 5월 11일 등록 제3-563호

979-11-423-3437-5 13650

오늘 하루도 에비츄

에비츄 스티커북

편집부 엮음

대원앤북

에비츄 성장기

1990년, 일본 만화가 이토 리사의 손끝에서
깜찍한 햄스터 에비츄가 태어났어요.
국내에서는 1999년, 〈에반게리온〉으로 유명한
안노 히데아키 감독이 가이낙스에서 만든 애니메이션,
〈おるちゅばんエビちゅ(집 보는 햄스터 에비츄)〉로
처음 얼굴을 알렸죠.
지금은 이모티콘, 폰 꾸미기 테마, 웹툰 등으로
국내에서 많은 이들의 사랑을 받고 있답니다.

에비츄 소개

에비츄는 크고 작은 사고를 치거나
쓸데없는 장난을 하다가
주인님에게 혼나고 기죽기도 하지만,
언제 그랬냐는 듯 다시 밝고 귀여운 모습으로
우리에게 웃음을 선사합니다.
카망베르치즈와 아이스크림을 특히 좋아하는 에비츄는
우리 주변에서 벌어지는 소소한 이야기를 들려주기도 하고,
주인님을 위해 손수 집안일을 하면서 장도 보고 요리도 하는
만능 재주꾼이기도 합니다.
때로는 사람들의 고민을 해결해 주는
에비츄 맨으로 변신하기도 하지요.

에비츄의 생활 계획표

목표 달성 스티커판

목표를 달성할 때마다
에비츄 스티커를 하나씩
붙여 보세요!

1	2	3	4	5
6	7	8	9	10
11	12	13	14	15
16	17	18	19	20
21	22	23	24	25
26	27	28	29	30

감정 달력 스티커판

MON	TUE
WED	THU
FRI	SAT
SUN	MEMO

Fri
?
살려줘ㅓㄹㅁㄴㅓ

행운 스티커판

1	2	3	4
5	6	7	8
9	10	11	12
13	14	15	16

행운이 생길 때마다
목록을 적어 네잎클로버 모양의
스티커를 함께 붙여 보세요.

에비츄의 냉장고

냉장고 곳곳에 에비츄가 숨어 있어요.
에비츄가 어디에 숨어 있을지 상상하며
스티커를 붙여 보세요.

에비츄의 하루

1월 8일

함박눈이 펑펑 내린 날.
눈이 정말 예뻤어요.

빙판길에서
스케이트도 타고,

얼어 죽어도
아이스아메리카노를
마시다가 진짜 얼어
죽을 뻔했다죠. 덜덜….

에비츄의 하루

3월 12일

오늘은 통기타를 치며
노래도 부르고,

밤에는 애벌레처럼
몸을 돌돌 말아
캠프파이어도 했어요.

소풍 내내 하늘이
정말 맑고 예뻤어요!
이렇게 좋은 날이라니!

에비츄의 하루

5월 5일

에비츄만의
과자 집을 만드는 날!

에비츄가
좋아하는 것들로
가득해요.

오랫동안 소중하게
다룰 거예요.

에비츄의 하루

7월 25일

기다리고 기다리던
여름이 왔츄~!
오늘은 주인님과
여름휴가를 떠난 날!

불가사리랑 춤도 추고,
고래도 타며 행복한 하루를
보냈다츄~!

주인님을 향해 그린 하트,
잘 보이나요?
삐뚤빼뚤하다고요?
착각이에요.

에비츄의 하루

9월 20일

도움이 필요하면,
언제든 출동하는
에비츄 맨~!

에비츄 맨
등장!

바빠서 나갈 시간이 없는
의뢰인의 물건을 대신
배송해 드렸어요.

비가 오나, 눈이 오나
에비츄 맨은 늘
무적이랍니다!

에비츄의 하루

11월 11일

오늘은 주인님만을 위한
에비츄로 등장~!

주인님을 위한 식사를
준비하고 하루 종일
주인님만 기다렸어요.

힘든 하루였지만, 그래도
주인님 손 위에 있으니 긴장이
풀리면서 스르르 졸음이
쏟아지는 거 아니겠츄?

에비츄의 하루

12월 24일

오늘은
기다리고, 기다리던
크리스마스이브예요!

귀여움
장착 완료

에비츄는 빨간 코가 달린
루돌프 의상을 입었어요.

이제 크리스마스트리에 양말을
걸어 두고 잘 건데, 과연 내일
에비츄한테 어떤 선물이
찾아올까요?

짤 대백과 1

에비츄가
사랑받은 짤들을
한자리에 모아 봤츄~!

소장하고 싶은
스티커들만 쏙쏙 골라
담았어요.

폼 미쳤다
반박 시 네 말이 맞음
진짜 내 마음은 뭘까
그럴 수도
아니 근데 잠깐
친구
사귀는 법
힝구
나한테만 그래..
경찰관님, 여기예요!
큰일이다
안 사요

짤 대백과 2

끝난 줄… 알았츄?

다이어리, 휴대폰 등,
소중한 공간에 에비츄를
붙이고 다닐 수 있답니다!

이렇게 에비츄를
붙여 보세요!

신나~ 츄
흐끅흐끅.. 끄허허유ㅠ
엉엉..
다신 보지 말자
집에 보내 줘
제발 거울 좀 봐
거친 세상 속에
뛰어 든 건 나니까
(경계 중)
왜 화를 내..

에비츄 이모티콘 스티커

에비츄의 매력을
한껏 담은 이모티콘을
스티커로 모아 봤츄~!

휴대폰, 다이어리, 노트 등
잘 보이는 곳에 에비츄를
붙여 보세요!

하고 싶은 말을
에비츄가 대신해 줄게요!

츄츄♬
앗츄츄
츄카츄카츄
고맙습니다♪
이제 할 일을 하자
할 일
할 일
몰?루
경고
경고
경고
오늘도 해냈츄
혹시 너 뭐 돼?
제가요?
미안해 츄
힝
구
왜 저 떠봐요
잠깐!
삐죽
쌔앵
이봐 정신이 드나?
뭐해!!

하트 인덱스 스티커

사랑꾼 에비츄
등장!

에비츄의 사랑을 가득 담아
하트 인덱스 스티커로
만들어 보았어요.

사랑이 필요한 곳에
하트를 붙여
사랑 에너지를
채워 보세요!

집 보는 에비츄 스티커

에비츄는 햄스터~!
하는 일은 에헴~
집안일이에요!

빨래면 빨래,
설거지면 설거지,
요리면 요리!

못하는 게 없는
에비츄의 하루를
스티커로 담아 봤어요.

칭찬 스티커

누군가를
칭찬하고
싶나요?

아니면 나에게
칭찬해 주고 싶은
하루인가요?

에비츄가
진심을 담아
칭찬할게요!

잘했츄
예비츄도 놀랐츄
열일했츄
최고였츄
해낼 줄 알았츄
멋졌츄
끝내줬츄
오늘도 해냈츄
완벽했츄
수고했츄
OK
고맙츄
맛있었츄

직장생활 스티커

에비츄의 고군분투 직장 생존기!

바쁘다 바빠! 신입 사원이 된 에비츄의 하루를 담아 봤어요!

관리 스티커

에비츄는 요즘 관리를 위해
매일매일 쳇바퀴를
돌고 있답니다.

오늘 목표는
야식 안 먹기!

어쩐지
관리하고 싶은 요즘,
에비츄와 함께해요!

+1
+1
+1

애니멀 코스튬 스티커

햄스터가 아닌
에비츄의 모습은 어떨까요?

귀여운 에비펫을 자유롭게 붙여 보세요!

PET FOOD

작고 소중한 베이비츄 스티커

응애~

에
애기츄 왔어요.

나 안 보고
싶었쮸…?

작고 소중한
베이비츄 스티커를
만나 보세요!

배경판

지금까지 본 스티커 중에서
다음 배경과 어울리는 에비츄를 골라 붙여 보세요.

오
늘
도
에
비
츄!